박태선 시집

# 자연에 순응하며

## 자연에 순응하며

2021년 3월 23일 제 1판 인쇄 발행

지 은 이 ㅣ 박태선
펴 낸 이 ㅣ 박종래
펴 낸 곳 ㅣ 도서출판 명성서림

등록번호 ㅣ 301-2014-013
주    소 ㅣ 04552 서울시 중구 삼일대로8길 17 3~4층(충무로 2가)
대표전화 ㅣ 02)2277-2800
팩    스 ㅣ 02)2277-8945
이 메 일 ㅣ ms8944@chol.com

값  10,000원
ISBN 979-11-89678-49-4

※ 잘못 만들어진 책은 바꿔드립니다.
   이 책 내용의 일부 또는 전부를 재사용하려면
   반드시 저작권자의 동의를 얻어야 합니다

박태선 시집

# 자연에 순응하며

도서출판 명성서림

## 인사말

틈틈이 생각나는 대로,

주관대로 긁적거려 놓았던 시詩들.

그대로 둘 수 없어

이제 한곳에 모았습니다.

이글을 읽는 분들이

그 순간만이라도

공감을 느낀다면

저는 만족하고 고마울 따름입니다.

2021. 3.

박태선

# 목차

인사말                                             5

## 제1부

| | |
|---|---|
| 촛 불 | 12 |
| 후지산의 구름 | 13 |
| 기 도 | 14 |
| 소 원 | 15 |
| 내가 살던 곳 | 16 |
| 눈(snow) | 18 |
| 우리 엄마 | 19 |
| 자연에 순응하며 | 20 |
| 연주가 딸 지안에게 | 22 |
| 딸에게 | 23 |
| 딸이 쓴 답 글 | 24 |
| 구 름 | 25 |
| 마무리 | 26 |
| 눈 물 | 27 |
| 지우개 | 28 |
| 선 물 | 29 |
| 빨 래 | 30 |
| 신 발 | 31 |
| 거 울 | 32 |
| 침 대 | 33 |
| 극과 극 | 34 |
| 우 산 | 35 |

## 목차

### 제2부

| | |
|---|---|
| 벌 | 38 |
| 항상 그 자리에 | 39 |
| 고 향 | 40 |
| 생강 같은 사람 | 41 |
| 돈(money) | 42 |
| 사 진 | 43 |
| 손 주 | 44 |
| 수녀님들께 | 46 |
| 삶의 지혜 | 48 |
| 책 | 49 |
| 아파트 | 50 |
| 친 구 | 51 |
| 비행기 | 52 |
| 여 행 | 54 |
| 부부夫婦 | 56 |
| 성 탄 | 57 |
| 새해에는 | 58 |
| 형 제 | 60 |
| 석 류 | 61 |
| 갈비탕 | 62 |
| 사 탕 | 63 |
| 내동생 | 64 |

# 목차

## 제3부

| | |
|---|---|
| 우리 할머니 | 66 |
| 내가 아는 사람 | 67 |
| 산山 | 68 |
| 인 생 | 69 |
| 소방차 | 70 |
| 신 문 | 71 |
| 자신이 바뀌는 게 낫다 | 72 |
| 시작과 끝 | 73 |
| 내 친구 | 74 |
| 세실리아 수녀님 | 76 |
| 머문 자리 | 78 |
| 생 일 | 79 |
| 가볍게 | 80 |
| 부 활 | 81 |
| 가 족 | 82 |
| 사 돈 | 83 |
| 벚 꽃 | 84 |
| 주 판 | 85 |
| 바 둑 | 86 |
| 생각하기 나름 | 87 |
| 어린이 | 88 |
| 인생을 한 번 더 | 90 |

## 제4부

| | |
|---|---|
| 멈 춤 | 92 |
| 우리가 사는 이유 | 93 |
| 우리는 | 94 |
| 아름다운 사람 | 96 |
| 용 기 | 97 |
| 성 찰 | 98 |
| 새학기 시작하며 | 99 |
| 오뚝이처럼 | 100 |
| 잘 사는 것 | 101 |
| 이 탈 | 102 |
| 기 적 | 103 |
| 찜 통 | 104 |
| 초가을 | 105 |
| 중국 장가계의 천문산 | 106 |
| 아직도 진행 중 | 108 |
| 내 마음 | 109 |
| 세 월 | 110 |
| 진풍경 | 111 |
| 자 식 | 112 |
| 못난이 | 113 |
| 소 리 | 114 |
| 나의 삶 | 115 |

# 목차

## 제5부

| | |
|---|---|
| 태권도 | 118 |
| 말과 행동 | 119 |
| 어린이 집 | 120 |
| 놀이 공원 | 121 |
| 달 력 | 122 |
| 내 마음의 등불 | 124 |
| 한가위 | 126 |
| 정동진 부채 바닷길 | 127 |
| 토끼와 거북 | 128 |
| 고 백 | 129 |
| 수 박 | 130 |
| 그날이 그날 | 131 |
| 곶 감 | 132 |
| 홍 시 | 133 |
| 시 간 | 134 |
| 손자 손녀들 생일 날 | 135 |
| 기이한 곳 국회 | 136 |
| 징검다리 | 138 |
| 봄 | 139 |
| 연 탄 | 140 |
| 성모님의 달 오월에 | 141 |
| 마 감 | 144 |
| 양양 글라라 수도원의 수녀님께서 주신 글 | 146 |

# 제1부

# 촛 불

오로지 자신의 몸을 태워야만
사명을 다하는 얄궂은 운명

남을 위한 마음
조용히 빛으로 발하면서

자식위해 기도하는 부모 마음도 들어주고
사업 잘 되라 빌고 비는 사장 마음도 알아주는

오직, 남을 위해 태어나
남을 위해 살다가는 투철한 희생

남 탓도 모르고
마치, 자기 탓 인양 울어주면서

마지막 까지 정성을 다하는
너를 사랑 한다
너를 닮고 싶다


1991년 9월 일본에서
촛불을 켜고 하느님께 기도드리고 나서

## 후지산의 구름

후지산 중턱
하얀 솜이 깔려 있네
솜사탕도 쌓였네
탐스러운 백합도 피어있고

그 자태 그 신비로움
절로 감탄사가 나오고

티 한 점 없는 너의 아름다움
온갖 때로 물든 나의 마음

하얀 구름배에 내 몸을 싣고
내가 태어나고, 자라고, 삶의 터전을 마련해준
우리나라 하늘 밑으로 가고 싶다

사랑했던 내 형제, 정들었던 내 이웃 만나
다정하게 옛날얘기 속삭이면서
너의 아름다운 자태도 그 속에 넣고 싶다

1992년 10월
일본에서 살면서 후지산에 가보고

# 기 도

오늘도 무사하기를 마음으로 빈다
다시 눈을 뜨게 됨에 감사하면서
미워하는 마음 생기지 않게 가슴을 달랜다

사랑하는 마음도, 미워하는 마음도
한 뼘 안에 같이 있는 것
좁은 마음 변덕스럽기 그지없고

열길 물속은 알아도 한길 마음속은 모르듯
같은 말도 사람에 따라 다르게 느낀다는 걸
왜 진작 몰랐을까

언제나 노력하자
노력하지 않고 되는 게 없으니
오늘도 내려놓자
노력해도 안되는 게 있으니

기도로써 마음도 바꾸고
기도로써 평화도 얻자

# 소 원

나의 소원은
작고 소박하다

아니
가장 크고 위대하다
세상에서 제일 소중한 자산이다

그것은
육체에도 정신에도
꼭 필요한 건강이다


1993년 1월 일본에서

## 내가 살던 곳

나는 시골에서 태어나서 시골에서 자랐다
사방이 산으로 둘러싸인 산골
밤에는 여우울음 소리가 들리고
아침에는 닭들이 없어 졌다고 떠들썩했던 동네
닭이라도 팔아야 학비를 낼 수 있기에
아까워서 어쩔 줄 몰라 하던 그들 모습

다른 마을로 이어주는 길이 없어서 차도 다니지 않던 동네
전기가 들어오지 않아 호롱불이 전기불을 대신하고

띄엄띄엄 몇 가구씩 모여 살면서
밥 짓는 소식은 굴뚝으로 알려주고
어쩌다 택시라도 한대 들어오면
누구집 손님인가 관심 쏟던 시골마을

봄에는 진달래 따고 여름에는 물장구 치고
가을에는 메뚜기 잡고 겨울에는 눈썰매 타던 조그만 동네
어쩌면 이런 게 최고의 놀이라고 하겠지만
뛰어다닐 수 있는 나이면 일터로 나가야만했던
그곳에서 부모 몰래 잠깐 가슴 콩닥 거리며 짬을 내서
놀았던 것이 고작 이였지

나 어릴 적 산골은 발전이 없을 것 같았다
산과 산이 막혀서 비닐하우스도 안 된다고 했다
그런데 지금은 울퉁불퉁 도로를 시멘트로 덮었단다

나를 낳아주고 키워준 시골마을
내 어머니가 영원히 그곳에 계시고
아버지도 살아 계시니
하루에도 몇 번씩 그곳으로 달려간다
고향 마을이 그리워진다

1999년 씀
아버지 2003년 1월 소천하심

# 눈(snow)

앙상한 나뭇가지가 두툼한 솜을 덮었다
온 세상이 하얀 도화지 같다
그림을 그리고 싶다. 내 마음을 그리고 싶다
어떤 그림이 될지 나도 모르는

눈아, 얼지 말고 녹아라
뭇 사람들이 다칠까봐 두렵다
질퍽거려 바짓가랑이를 더럽히는 건 괜찮아
많은 꿈도 안겨준 너였으니까

네가 녹을 때 내 마음의 때도 같이 녹여 다오
짓궂은 햇살에, 사람들의 짓밟음에 견디기 어렵지만
태어날 때처럼 깨끗하게 있다가 가렴
나 또한 그렇게 살다가고 싶단다

# 우리 엄마

엄마는 로보트다
회사 다니면서 집안일도 하니까

엄마는 마법사다
회사 갔다 와서는 단숨에 나를 웃게 만드니까

엄마는 악마 같다
불같이 화를 내고는
방문을 쾅 닫아 버리니까

이렇게 엄마는 여러 가지 표정과 모습으로 변하지만
엄마의 마음만은 결코 변하지 않는다

엄마의 반짝 거리는 마음과
나를 사랑하는 마음은


2015년 3월 17일 씀
손녀 양지안(초등3학년)

## 자연에 순응하며

나이가 들어가면 몸도 마음도 약해지지만
서러워하지 말아요

지나간 세월 아쉬워해도 아무소용 없고
가는 세월 잡으려 해도 잡을 수 없잖아요?

그저 자연에 순응하면서
오늘을 즐겨요. 지금을 마음껏 사랑해요

살아온 흔적, 많든 적든 자식들 싸움꺼리 될 수 있으니
살아있는 동안 지혜롭게 쓰도록 노력 합시다

사랑은 내리사랑, 자식은 부모마음 몰라요
바라지도 말고 주지도 마세요
내 스스로 살 수 있는 능력 있어야
눈치 안 받고 살아 갈수 있습니다

지난세월 앞만 보고 달려 왔다면
이제는 옆도 보고 뒤도 보면서 삽시다
산다는 건 '고행' 이라지만 그래도 살아 있다는 게
감사 하지 않습니까?

오늘도 모르고 내일도 몰라요
남은 인생 얼마인지 모르지만
그때까지 건강하게 살았으면 좋겠습니다

## 연주가 딸 지안에게

하늘이 보내 주신 선물 내 딸 지안이
매일 옆에 두고 보면서 행복하라고
예쁘게 빚어서 큰 사람 만들라고
내가 모자란 것 채워 가라고

나는 매일이 선물이다. 내 딸 지안이가 잘 자라고 있어서
나는 매일 시행착오를 한다. 내 딸 덕분에
나는 매일 조금씩 불안하다. 내 딸과 거리가 생길까봐
그래도 나는 겁나게 행복하다.
내 딸 지안이가
옆에 있어서

2015년 3월 17일

## 딸에게

내 딸 연주야
엄마의 못난 체질 탓으로 하도 입덧이 심해서
너를 포기할까도 했었는데 지금 와서 생각하니
그런 못난 생각을 한 엄마가 부끄럽구나

잘 커서 남들이 부러워하는 사법시험에 합격하고
좋은 남편 만나서 우리 지안이, 지호 낳고
잘 사는 너를 보니 자랑스럽단다

불면 날아갈까, 만지면 터질까, 지안이 지호가
너한테 그렇지. 이 엄마도 그랬단다

엄마한테 살갑게 대하지 않더라도 그냥 엄마 옆에
있는 것만으로도 고맙고 행복하다
항상 건강해라. 사랑한다. 내 딸아

2015년 3월 17일
손녀 지안이 3학년 시작 때 학부모 참관수업에서 엄마한테 할 말을
쓰면서 서로 같이 쓰자고 해서 쓴 것임

## 딸이 쓴 답 글

엄마. 지안이 지호를 낳지 않았더라면 미처 깨닫지
못했을 것 같습니다. 엄마의 저에 대한 마음을

아이들로 인한 즐거움, 행복, 기쁨이 나의 삶을 점점
채워 갈수록, 엄마의 저에 대한 희로애락을
느낄 수 있습니다. 저를 위한 희생, 이 은혜를
어떻게 갚을 수 있을까요. 가까운 곳에서 언제든지
사소한 행복을 함께 할 수 있는 것에 감사드립니다

매정하게 흘러가는 시간 속에서 엄마와 언제 헤어질지
모른다는 불안감이 문득 문득 들기도 하지만, 지금에서
제가 할 수 있는 것은 엄마와 함께 하는 것,
그것뿐인 것 같습니다

엄마, 저와 오래 오래 함께 하셔야 합니다


2015년 3월 17일
사랑 하는 딸이 드림

# 구 름

구름은 하늘에다 무슨 그림 그릴까
가볍게 날수 있는 새털 그림 그리지

구름은 강물에다 무슨 마음을 그릴까
하얀 마음 파란 마음 둥근 마음 그리지

볼 수 없는 내 마음엔 어떤 그림 그려볼까
내 마음 너무 좁아 아무것도 그릴 수 없네

## 마무리

모진 고통 이겨내고
톡~ 싹이 나오더니

여름 내내 시원한 그늘이 되어주고
울긋불긋 마지막까지 저리도 아름다운데

살아온 내 인생은 그다지
아름답지가 않네

내 삶의 마무리는 어떻게 해야 하나
조건 없이 내어주는 자연에서 답을 찾자


10월 단풍놀이 하고

# 눈 물

슬플 때도 나고 기쁠 때도 난다
눈물샘이 터진다

우리 엄마 떠나는 날 얼마나 울었던가

잘해 드린 것도 없지만
못한 곳만 어째 그리 정곡을 찌르는지
눈물이 앞을 가려 길마저 잃었는데

아직도 남았었나
툭 하면 나오게
주책없이 時도 때도 없다

덧없는 세월
덧없는 인생
안과에 가봐야 하나

## 지우개

잘못된 거 다시 하라 몇 번이라도
신중하게 생각 하라 침착하게

곁에서 노심초사 함께 하면서
나의 잘못 지워주는 고마운 벗

잘못도 할 수 있고 실수도 할 수 있다면서
이해하며 곁에 있는 고마운 친구

못난 행동, 못난 생각도 닦아주는
벗이 있다면…

# 선 물

사람은 특별한 선물을 많이 받았지

지혜롭게 살라는 지혜기(機)
옳고 그름 판단하는 판단기

나누라는 베풀기
사랑하라는 사랑기

정의롭게 살라는 정의기
너무 욕심 부리지 말라는 절제기

정직하라는 정직기
그런데, 모든 게 고장 났나 봐

# 빨 래


졸졸 빨래터엔 여인들의 방망이 소리
뉘집이 어떻고, 뉘댁 딸이 어떻고
온갖 소식 전해 듣는 정다운 빨래터

무더운 여름은 그리운 곳이지만
매서운 겨울엔 손가락이 얼얼

그러나 지금은
커다란 통속에 빨래 감 쏘옥
버튼만 누르면 쓱쓱 대신하네

하지만 오늘은
사회를 괴롭히는 모든 것들
모조리 양말 속에 집어넣어
손으로 박박 빨아 버리고 싶다

# 신 발


가장 낮은 데서
위험한 곳도 마다 않고
더러운 곳도 마다않네

힘든 곳도 거침없이
밑바닥 생활로 만신창이 돼도
어디든 가리지 않는 자유로운 영혼

# 거 울

미운 몸매 주름진 얼굴
그대로 알려 주는 얄미운 친구

하지만
언제나 곁에 두고 싶은
정직한 친구

그 친구 앞에선
예뻐지려고 애를 쓰면서
하루에도 몇 번씩
요모조모 다듬지만

나는 네가 두렵단다
내 마음 너한테 들킬까봐

# 침 대

남을 위해 태어나서
님을 위해 기다리는
기다림 속에는 소풍전날 같은
셀레임이 있고

얼굴 마주 보고 사랑 속삭이면서
님과 함께 아름다운 꿈도 꾸며
내일을 위해 힘을 얻는 곳

오늘도, 내일도 변함없는 사랑으로
오직 하나 바라는 건

님과 같이 숨을 쉬고
님과 같이 꿈을 꾸는 것

이런 들, 저런 들
동상이몽인들 어떠리

# 극과 극

음극과 양극이 있듯이
북극과 남극이 있다

하늘이 있으면 땅도 있듯이
높음이 있으면
낮음도 있다

사장이 있으면 종업원도 있고
부자가 있으면 가난한 자도 있다

극과 극이라고, 나와 격이 안맞다고
밀어내기보다는 끌어당기며 보듬자

지구가 둥글 듯
둥글둥글 살자

모난 것 보다는 훨씬
상대에게 상처를 덜 줄 테니

# 우 산

다양한 색상, 비슷한 얼굴
하는 일은 오직 하나

감기 걸리면 안 된다
챙겨주는 엄마 마음

애지중지 여겨지다
버림받기도 갇혀있기도 수차례

어둠속에서도 다시 찾을 날 기다리며
희망끈 놓지 않고

인내하는 마음 스스로 배우면서
뽀송뽀송 몸 만들고

그래, 너는 알고 있지
좋은 날이 있으면 궂은 날도 있다는 걸

# 제2부

# 벌

예쁜 꽃 못난 꽃 가리지 않고
열심히 찾아다니는 일꾼들

언제나 산통만 겪어도
불평 않는 여왕엄마

자기 역할에만 충실할 뿐
누구의 공이 큰가 따지지도 않고

세상의 쓴 맛 모아
단맛으로 바꾸네.

덕분에 우리는 자연단맛 즐기고
꽃들에겐 사랑 나누게 하지만

생명을 앗아가는 독한 무리도 있으니
같은 종(種) 다른 삶, 우리도 마찬가지

## 항상 그 자리에

뿌린 대로 그 자리에 있는 꽃처럼
엄마도 그 자리에

한곳에 꼿꼿이 서있는 나무처럼
엄마도 늘 그 자리에

어느새 훌쩍 커버린 너희 보며
엄마는 그 자리에서 너희 위해 기도했고

어려운 시험 공부하느라 힘들어 할 때는
엄마도 그 자리에서 가슴 졸였고

너희가 늦는 날이면
엄마는 그 자리에서 눈이 아프게 기다렸고

너희가 엄마 아빠 되어도
엄마는 그 자리에서 한결같이 바라보며
엄마의 자리, 만만치 않는 자리

세월 흘러 너희가 손자, 손녀 거느려도
엄마는 변함없이 그 자리를 지키고 싶다만
세월이길 자신 도무지 없으니

# 고 향

내가 살던 고향은 두메나 산골
정직하고 부지런한 사람들 동네
날이새면 산과들이 일터가 되는
그곳에서 살던 때가 그리워지네

도시에서 산지는 어연 50년
고향 산골에서 산지는 고작 16년
숫자로 따지면 도시 생활이 훨씬 길지만
추억이 많은 건 산골 마을이네

그런데 옛 추억을 안고 그곳에 가보니
정다웠던 이웃집은 사라졌고
하나 둘 사람들도 떠나 버렸고
허전한 마음 달렐길 없어
죄 없는 세월만 탓하고 왔네


2015년 4월 18일
부모님 제사 때 고향 갔다가

## 생강 같은 사람

사람마다 개성이 있다
똑같은 거 보다 생동감 있어 좋다

하지만 자기 멋 대로에 많은 무게를 두다보니
좋지 않은 일도 생긴다.

양념 중에서 생강이 생각난다.
다른 동료보다 인기가 없다고 자기 할 일을
게을리 하지 않는다
오히려 동료들과 잘 어울리면서
더 맛을 살려준다

이 넓은 세상, 혼자서는 살아갈 수 없는 곳
어차피 너와나 같이 살아야 하는 이곳에서
각자의 개성은 가지고 살아가되
다른 사람과 잘 어울릴 줄 아는 생강 같은 사람
또한 배려하는 사람으로 살아간다면…

# 돈(money)

온 세상 구경 다하고
온 세상 사랑 다 받고
어째 싫어하는 사람은 아무도 없네

너만 있으면 다 되는 세상, 못난 세상
부모 형제도 너 앞에선 눈이 가려지고
친구 동료 간에도 너 때문에 양심 속이고

오직, 너를 위해서만 끝없는 사랑

지혜로운 사람은 너의 주인이 되지만
어리석은 사람은 너의 노예가 되지

# 사 진

까마득히 잊어버린 그날들을
그나마 남겨 놓은 옛날 모습에
좋았던 기억을 되살릴 수 있고

흐르는 세월에
모르게 변해가는 내 모습을
조용히 그들이 알려주네.

이렇게 변해가는 미운 몸매에
마음속은 어떻게 변하고 있나
열정은 없어지고 옹졸함은 많아지고

나 어릴적 사진 같이 순진하게
나 젊었을 때 모습 같이 순수하게
그렇게~ 그렇게 살아가고 싶은데

# 손 주

2006년에 태어난 내 손녀 지안이
첫 손주인지라 신비함이 그 자체

2009년에 세상 구경나온 두 번째 손녀 태은이
내년에 학교 가겠네

2012년에 일본에서 태어난 우리 지호는
어린이집 공동체에 당당히 들어갔지

2013년 얼굴 보인 귀염둥이 서은이
말도 잘 해요

이렇게 내겐 꽃보다 예쁘고 보석보다 값진
4명의 손주들이 있어요

애들아, 세상은 넓고 화려하단다
이왕 세상구경 나왔으니 마음껏 놀다가자
사람답게 살다가자

태어난 건 너희 뜻이 아니지만
살아가는 건 너희들의 몫이란다
누릴 권리 있으면 지킬 의무도 있음을 잊지 말자

건강하게 자라다오. 밝게 자라다오
부자도 좋고 명예도 좋지만
베풀면서 사는 게 더 보람 있단다

사랑스런 손주들아
세상은 너희들에게 손짓하고 있네
열심히 노력해서 마음껏 나래를 펴보라고


2015년 3월


※ 얘기 : 이야기
※ 애 : 아이

## 수녀님들께


싱그럼이 물씬 코끝을 자극합니다
어딘가로 훌쩍 떠나고 싶은 계절에
좋은 곳을 허락해 주신 수녀님들께
깊은 감사를 드립니다

주님께서
저희들의 온갖 잘못을 용서해 주시는 것은
수녀님들의 많은 기도와 희생덕분이라 생각합니다

수도원 주위의 멋진 소나무와 예쁜 꽃들을
스마트폰에 담으며 마냥 즐거워하는 친구들
수녀님들의 공동체 생활을 난생 처음 본다면서
신비스러워 하고 감탄해 하는 모습들을 보면서
저 또한 말 할 수 없이 기뻤습니다

보잘 것 없는 저와 친구들을 온화한 미소로
다정하게 맞이해 주신 원장 수녀님
특유의 친절과 온유함으로 사람을 끌어들이는
매력 있으신 세실리아 수녀님, 많이많이 사랑합니다
또한 가까이서 뵙지 못한 수녀님들도
사랑하고 싶습니다

저희들을 위해 맛있는 음식을 차려주신 수녀님
고맙습니다


2015년 6월 8일
2015년 6월 6일~7일 양양 글라라 수도원을 다녀와서

## 삶의 지혜

보잘 것 없는 일이라도 정성을 다하세요
자신의 생활모습이 보입니다

가식적이지 말고 언제나 진실하십시오
진실함이 상대방 마음을 움직일 수 있습니다

거짓말을 하지 마세요
언젠가는 밝혀집니다

상대방의 충고를 겸손히 받아들일 줄 알아야 합니다
그래야 내가 발전이 있습니다

다른 사람이 잘 하는 것에는 칭찬을 아끼지 마세요
자신의 마음이 아름다워집니다

지나친 욕심은 부리지 마십시오
마음만 괴로울 뿐입니다

부모님께 감사하고 살아있음에 감사하십시오
세상이 아름답게 보입니다

2003년 9월 3일 안성공업고등학교 1학년 강의실에서 한 말

# 책

온갖 교훈 다 있고
온갖 지혜 다 있네
게다가 모르는 것도 없다

세상 누구보다도 똑똑하고
세상 무엇보다도 가치 있고

왜 진작 깨닫지 못했을까
늘 함께 하면서
마음에 살을 찌워야 된다는 걸

그랬더라면
가슴속에 허전함이
스며들 틈이 없을 텐데

이제라도
네 속에 있는 보물
캐내고 싶지만

이걸 어째
내 눈이 아파오고 희미해 오네

# 아파트


더 높이, 더 높게
낮은 게 싫어 올라만 가나
흙이 싫어 높아만 가나

이집 저집 모양 같고
이벽 저벽 색상 같아도
지역 따라 층 따라 몸값은 제각각

앞동, 뒷동 있음에
시야가 가려져도
따지는 건 금물

배려하는 마음 어디로 보내고
이웃간에 멱살을 잡네.

이웃사촌, 이웃사랑은
이제, 옛날이야기 뿐이런가

네모난 기계 안에 나란히 같이 서서
내가 먼저 인사하면 자존심 구겨지니
죄 없는 눈길만 둘 곳이 없다

# 친 구

묵은 술
묵은 된장
세월만큼 깊은 맛

오랜 날 함께
수다를 떨고

묵은 정(情)
쌓인 정(情)
세월만큼 두툼한데

서로마음 보듬으며
늘어난 주름 알 듯
깊숙한 내 생각도
알아 줄려나

2014년 12월 30일

## 비행기

거대한 몸집 육중한 몸매
온갖 사연 싣고 그리움 싣고
한 마리 새가 되어 훨훨 날아가네

낮에는 해와 친구
밤에는 달과 친구
쓸쓸히 외로히 어디론가 떠나가네

아이들의 희망되고
어른들의 낭만 되어
설레고 부푼 마음 달래어 주네

자신의 몸만도 버거울 텐데
못난 사람 잘난 사람 가리지 않고
유유히 멋지게 세상 누비네

부자나라 가난한 나라 어디가 좋든
어디가 좋다고 말할 수 없어
부자라고 행복하고 가난하다고 불행한건 아니지 않나

어느 나라가 아름답고 어느 나라가 못생겼든
그것 또한 내 맘대로 말 할 수 없어
아름다운 잣대도 사람마다 다르고
진정한 아름다움은 마음속에 있거든


2013년 3월 15일

# 여 행


짧은 여정이든 긴 여정이든 모두가 셀렌다
때론 남편과 둘이서
때론 자녀들이나 친구들과 설레임을 가져 보자
나무가 주는 의미, 물이 주는 의미
새롭게 새롭게 다가올 테니

틀에 박힌 생활 말고 마음의 여유도 누려보자
집에서 본 하늘과 색이 다르게 보일 테니

먼 길 떠나 먼 곳에서 만나는 사람들
모두가 소중하고 다정해지고
집 떠나면 집이 그립고, 외국가면 애국자 된다더니,
이것 또한 경험에서 얻어 지는 일

젊고 힘 있을 때 가야 하는데
이것저것 계산하고 또 주저앉고
이러다 저러다 나이만 들어가고

생각나면 떠나라고 말은 하는데,
자식 공부시키고. 결혼 시키고
일 생각 돈 생각 답답한 생각뿐

이제는 생각을 바꾸어 고정관념 버리고
시야를 넓혀 자연에서 배워보자
낯선 사람 만나서 인생도 배워보자

## 부부夫婦

남의 편을 들어준다하여 남편이라나!
신혼초의 깨소금은 바닥난 지 이미 오래

티격태격 함께 한 세월 몇 년이나 되었나!
이제는 티격 거릴 건더기가 없네

살아온 건 얼마이며
남은 삶은 얼마인고

서로서로 측은지심
애틋함이 밀려오고

가는 세월 막을 재주 없을 바에야
차라리 아껴주고 위해 주면서
알콩달콩 살아감이 값지겠구나

2015년 11월 24일
40주년 결혼기념일에
fortieth wedding anniversary

# 성 탄

거룩한 분 태어나셨네
예수 아기 태어나셨네
금수저, 은수저, 물기는커녕
초라한 마구간에서 태어 나셨네

그래도. 온 세상 구원하시고
온 세상사람 그분을 찬양하네
이토록 종교인은 늘어나는데
세상은 그다지 아름답지가 않네

콩 한 쪽도 나눠먹는 따뜻한 정 어디가고
헐벗고 굶주린 사람 내 옆에 있어도
못 본 척 모르는 척 두 눈 감아 버리고

"모든 이를 사랑하라" 거듭 강조 하셨지만
자신이 사랑하고 싶은 사람만 사랑하고
"가진 것을 나누라" 는 말씀 남기셨지만
오히려 남의 것도 빼앗는 세상

부자라도 하늘나라 갈수 있는 길
마음이 가난하고, 나누는 자

2015년 12월 25일
(금수저, 은수저를 물고 태어나야 성공 할 수 있다는 세상이라나!)

## 새해에는

새해가 되면 나이 한살 더해지고
서글픔도 더해진다.
지나간 시간들
잘한 일은 하나 없고 못한 일만 새록새록

사랑하는 자녀들 건강하게
직장생활 사회생활 잘했으면 좋겠고
귀여운 손주들 몸과 마음이 여물어 졌으면…

남편과 나, 자나 깨나 건강생각
자식들에게 도와줄게 없으니 이것으로라도 도와야지

욕심은 줄이고 나눔은 늘리고
마음이 후덕한 이웃으로 다가가자

작은 인연도 소중히 여기고
좋은 일은 흔들리지 말고 실행 하자

나를 미워하는 사람이 없도록 일치 이루고
나도 미운 사람이 없도록 마음을 맑게 갖자

남이 나한테 해주기를 바라는 대로
내가 먼저 해주라고 하느님께서 말씀 하셨지
사랑한다. 고맙다는 말을 자주하자

진심으로 감사하며, 감사한 만큼 나눠야지
양손에 쥐고 있으면 더 받을 손이 없잖아
곳간이 차 있으면 더 좋은 것이 있어도 넣을 수 없으리
"공수래공수거" 매일매일 일깨우고
새해에는 모두가
남의 눈에 티끌을 보기 전에
자신의 눈에 있는 들보를 먼저 뽑아내기를…


2016년 1월 2일(토)
새해를 맞아서

## 형 제

한 탯줄 한 배 잡고 세상 나와
뒹굴고 다투며 코피 흘러도
금새 잊어버리고

혼날 땐 서로 감싸 주면서
내 것 네 것 선 긋지 않고
내 수저 네 수저 구별 없었건만

세월 흘러
별도의 내 가족 생기니
욕심이 점점

이러다
남보다 못한 사이
될까 두렵다

# 석 류

욕심인 듯, 감추고 싶은 듯
남모르게 쌓아 올린 값진 보물

수줍은 듯, 숨기고 싶은 듯
빨간 보석
주머니 속에 감추고

알알이
탱글탱글 모질게 여물더니

토옥~
결국엔 남을 위해 다 내어놓네
마지막엔 남을 위해 복주머니 깨뜨리네

## 갈비탕


네 살이 너덜너덜
네 뼈가 허물허물

엄청난 고통 말없이 견뎌내고
너의 진심 속속히 드러내서

고달픈 우리 마음 녹여주네
꽁꽁 언 우리 몸도 녹여주네


추운 1월에 갈비탕을 먹고

# 사 탕

사탕은 달다
그래서 맛있다

빨강 노랑 파랑
색깔도 여러 가지다
무지개처럼 예쁘다

자꾸자꾸 먹고 싶다
그래도 많이 먹으면 안돼
내 이를 썩게 만드니까

2016년 2월
손녀 태은이가 입학하기 전 설날 할머니 집에서

## 내동생

내동생 이름은 서은이
이제 네 살이다

말할 때도 귀엽고
웃을 때도 귀엽다

나만 따라 다녀서
귀찮을 때도 있다

그래도
동생이 있어서 좋다


2016년 9월
추석 때 할머니 집에서

# 제3부

## 우리 할머니

우리 할머니는 착하다
돈을 아껴 쓰고 모아서 다 기부한다
나는 할머니가 좋은 일을 한다고 생각한다

또, 할머니는 나한데
"숙제해라, 만화 많이 보지 마라"고 하신다

그런데 나는 할머니 말씀을 잘 안 듣는다
만화가 재미있어서 자꾸 본다

할머니는 내가 커서도
공부는 안하고 만화만 볼까봐
걱정이 되시는 것 같다

공부를 안 하면
알았던 것도 모른다고 한다

이제부터는 만화는 조금보고
공부를 해야겠다
열심히 노력해서 우리 할머니처럼
좋은 일도 할 것이다

2021년 2월
손자 양지호 초등학교 3학년이 되기 전

## 내가 아는 사람

모진 듯 가냘픈 듯 들국화 마냥
강하게 유연하게 태연히 피어 있는
강한 참을성, 두툼한 인내심

센 것 같은데 부드러움이 숨어 있고
알 것 같은데 아직도 모르겠고
아무튼 아리송하게 얄미운 사람

먼저 안부전화 돌려주진 않지만
거룩한 척 도도한 척 내숭 떨지 않고
그나마 반갑게 받아 주는 이

무슨 인연이기에, 무슨 매력 있기에
한가한 시간이면 전화기를 드는 걸까?

나만 정이 들은 건가! 나만 그리운 건가!
아무려면 어쩌랴
가랑비 옷 젖듯 이미 그렇게 젖은걸

## 산山

봄 여름 가을 겨울
철마다 옷을 바꾸는 건 우리와 같네

크면 큰대로 작으면 작은 대로
욕심 부리지 않는 건 우리와 다르네

무엇이든 가리지 않고
모든 걸 받아주는 포용력은 우리의 스승이다

# 인 생

탄생을 축하 받고
네 발 자전거
두 발 자전거
세 발 자전거

이제 막다른 골목
어쩌지!
돌아 갈 수가 없네
되돌릴 수도 없고

그만 내려야 한다
아! 못난 짓 많이 했네

## 소방차

온 몸이 빨갛네
얼마나 뜨거울까

온 몸이 잿더미네
얼마나 답답할까!

남의 잘못을 몽땅 뒤집어쓰고
우리 실수도 용서해 주고

잠을 편히 잘 수가 있나
마음 놓고 지낼 수가 있나

밤낮없이 달려가야만 하는
너 마음, 부모 마음

# 신 문

밤새 산통 겪고 태어났어도
어째 환영 못 받고
때론 외면당하고

어떤 상황에서도
진실만이 너의 임무인데
정직만이 너의 사명인데

그다지 객관적이지도 않으면서
자유만 부르짖는 네가
오히려 불편할 뿐

누릴 권리 있으면
지킬 의무도 있는 걸…

## 자신이 바뀌는 게 낫다


핑계 없는 무덤 없듯이 변명만 하면서
뚜렷한 잘못도 합리화 시키는 세상

남을 바꾸려고 애타하느니
자신이 바뀌는 게 낫겠다

별난 일이 일어나는 삶 속에서
그나마 아름답게 살 수 있는 건

이 세상 놀음은 잠깐 일뿐
언젠가는 저 세상으로 가고 만다는
평범한 진리를 깨닫는 것

그저 내어주는 자연을 보면서
모든 걸 내려놓고 살아가는 것

## 시작과 끝

출발과 도착
탄생과 죽음
뗄 수 없는 공생공존

삶을 시작하고
어느새 끝이 코앞이네

가는 세월
못나게 변하는 얼굴

자연에 순응하고
마음만은 다 잡는다

옹졸함을 버리자고
욕심은 내려놓자고

태어날 땐 철없어 울었지만
끝날 때는 철들어 웃어야 할 텐데

## 내 친구

늘 그 자리에 있는 나무처럼
항상 변함없이 한결같은 그 마음

눈 깜짝, 가는 세월에
몸은 나이 들고 얼굴에 주름 늘지만
생각은 예쁘게 가꾸어가는 멋진 마음

매서운 추위에도 푸르름을 잃지 않고
모진 바람에도 곧음이 휘지 않고
파란 마음, 곧은 마음 간직 하고 있으니

포동한 십대 보다 멋쟁이 이십대보다
세월 무게 짊어진, 지금이 더 아름답구나

언제, 어디서나 무슨 제의를 하더라도
긍정적 응답을 보내줄 것 같은 친구

좋은 일은 공감해 주고
옳은 말은 맞장구 치고
칭찬도 아끼지 않는 든든한 내 친구

책처럼 지혜로운 길잡이가 있다면
내 마음 알아줄 친구가 있다면
인생을 잘못 산 게 아니라고 했는데

그럼 나는 횡재 했네
헛된 삶은 아니었네
못난이 나에게 그런 벗이 있으니

## 세실리아 수녀님

산수 좋고. 공기 좋은
아늑한 산중턱 빨간 벽돌집
나무들이 울타리 되어주는 고즈넉한 그곳에는
친절한 수녀님이 계시지요

하느님께 가까이 더 가까이 가시려
예수님의 십자가를 나눠지시려
기도로써 조용히 참아내시고

세상의 많은 죄를 용서 받으려
기도로 시작하고 기도로 끝내시지요

못난 자식 잘난 자식 차별하지 않고
똑같이 보듬어 주시는 어머니 같은 마음으로
언제나 그 자리에 계시는 분

나무를 닮아 순수하신가요
물을 닮아 맑으신가요
아니면 모든 자연을 두루 닮으셨나요

수녀님
제게 기쁜 일이 있으면 알려 드려도 되겠습니까?
그냥 드리고 싶을 때 전화 드려도 되겠습니까?
수녀님의 수도 생활에 누를 끼칠까봐 두렵습니다

하지만 수녀님, 굳건한 믿음으로
옷깃에 숨어 있는 매력
고이고이 간직 하셔서
하느님 사랑 많이많이 받으십시오


(글라라 수도원에 계시는 수녀님)

## 머문 자리

구름이 머문 자리
물을 남기고

해가 머문 자리
곡식이 익고

바람이 머문 자리
새싹을 틔우고

벌이 머문 자리는
달콤함이

꽃들이 머문 자리는
아름다움이 가득한데

내가 머문 자리는…

# 생 일

일 년에 한번 축하 받는 날
울 엄마가 고생했는데 왜 내가

전부 **뺏**어 먹으면서 엄마를 많이도 괴롭혔는데
미안한 마음 전하기는 했나

모진 고통 참아내며 세상 구경하게 해줬는데
고마운 마음 전하기나 했나

세상을 아름답게 살아가라고
바르고 착하게 살아가라고

이 날을 정해 주었는데
그 마음 잊지 않고 살아가고 있나!

일 년에 한번 축하 받는 날
가물가물 우리 엄마 생각나는 날

# 가볍게

정리하며 살자 깔끔하게

생생할 때 나누자 기분 좋게

아까워하지 말자 어차피 쓰지도 않으니

무거운 짐은 내려놓자 몸도 무거운데

욕심을 버리자 마음만 괴로우니

가볍게 살자 새들같이

언제든 훨훨 날아갈 수 있게

# 부 활

죽었다가 다시 살아난다는 부활
꼭 생명만이!

나쁜 생각, 나쁜 행동 고치는 것도
희생, 봉사 나누면서 사는 것도
새롭게 아름답게 살아가는 것도
주님 부활이 큰 의미, 주님 부활의 한 축

그럼 나의 부활은!

# 가 족


같은 울타리 한 솥밥 먹으며 닮은꼴
아군도 되었다가 적군도 되었다가

잘 한 일이 있으면 함께 기뻐하고
힘든 일이 있을 땐 든든한 버팀목

때로는 삐걱삐걱 소리 내지만
세상에서 제일 값진 소중한 보물

# 사 돈

누가 누군지 전혀 모르다가
언젠가 가까운 사이로 된 분

바로 옆에 있었어도 아무 관심 없었지만
지금은 누구보다 관심 가는 분

당신 자식 내 자식 되고 내 자식 당신 자식 되니
서로가 고마운 사이

남의 말 하듯이 아닌, '역지사지' 생각해서
서로 마음 헤아려 줘야 하는 남다른 사이

# 벚 꽃

사월에 내리는 눈은
언 몸을 녹여주네

사월에 내리는 눈은
가슴을 뛰게 하네

사월에 내리는 눈은
사랑을 불태우네

사월에 내리는 눈은
입맞춤 하게 하네

사월에 내리는 눈은
희망을 틔우네

# 주 판

동그란 알몸으로
원하는 대로 답을 주고

구멍가게 큰 회사 너를 사랑했었는데
하지만 지금은
잘못 없이 홀대 받고 뒷전으로 밀려 났네
냉혹한 세계
인정미 없는 세상

두뇌에 좋다더라
치매에 좋다더라
조금씩 관심 받지만

그래도 아쉬움이
그래도 서러움이

과학 발달 덕분에 편한 것도 좋고
빠른 것도 좋지만
사알짝 두려움도

## 바 둑

검은 옷, 흰 옷만 입는 단벌신사
보기만 하면 싸우는데

양보 없는 전쟁 탓에
이웃사람 가슴 졸이네

자기 집은 지으면서
남의 집을 허무는 건 무슨 심보

방해하는 걸 인정해주고
길을 막는 걸 칭찬해 주는 이상한 나라

불안감 긴장감 초조함만 흐르는
매정한 나라

하지만
소리 없는 아우성 폭력 없는 싸움하면서
모든 걸 자기 탓으로 돌리는 멋진 나라

## 생각하기 나름

살다 보면 어렵고 힘든 순간을 자주 만난다
그리고 작은 일에도 분노하게 되는데
그것은 자신을 힘들게 할뿐이다

가볍고 자유롭게 살고 싶다면
어떤 상황에서도 긍정적인 생각을 갖도록 해보자

지불해야 할 세금이 있다면 재산이 있다는 뜻이고
시끄러운 소리에 잠을 깼다면 살아있다는 증거이고
퇴직 후 지역의료 보험료를 내게 된다면
그만한 소득이 있다는 뜻이다

이러한 긍정적인 생각이 삶을
풍요롭고 자유롭게 해 준다

생각을 바꾸는 것
그것은 좌절의 순간에도 희망이 보이고
고통 속에서도 평화를 얻게 된다

"떡이 반밖에 안 남았네."
"아직도 반이나 남았네."
어느 것이 더 긍정적인 생각일까?

# 어린이

우리의 희망 우리의 보배
저마다 형형색색 아름다운 꽃
저마다 이름 있는 예쁜 새싹들

푸르고 싱싱한 오월의 나무처럼
자유로이 날 수 있는 하늘의 새들처럼
그렇게~ 그렇게~ 살아가기를…

깨끗한 도화지에 무슨 그림 그려줄까!
투명한 항아리에 어떤 물건 담아 줄까!

정직하라고! 성실하라고! 가진 것 나누라고!
버릇처럼 누구나 말은 하지만
부끄럽구나, 미안하구나
너희들 한테 모범 답안지를 주지 못해서

이 넓은 세상, 만만치 않는 세상
스스로 알아서 살아가라 하면
너무 가혹한 일인거지!

하지만 어쩌랴!
각자의 몫인 것을
그래도 이 곳이
너희들이 만들어 가야 할 세상인 것을…


5월 5일에

## 인생을 한 번 더

아픔도, 울음도 우리를 슬프게 하지만
영원한 이별은 우리를 더욱 슬프게 한다

아무리 건강했던 사람도
엄청난 재물을 가진 사람도
죽음 앞에선 아무 대꾸도 못하고

황금, 백금, 순금 보다 더 좋은 건
지금 인데

다음에~ 내일에~ 하는 사이
지금은 저 만치 가 버렸고
좀 더~ 조금만 더~ 하는 사이
어느 새 이만큼 와 있고

생기도 사라져, 열정도 없어져
이걸 어쩌나!
인생을 한 번 더 살 수 있다면…

# 제4부

# 멈 춤

월세에서 전세로, 전세에서 내 집으로
알몸으로 태어나서 입을 옷도 구했는데
배곯지 않게 먹을 양식도 구할 수 있는데

멈출 줄을 모르고 욕심만 부리다가
만인의 조롱거리
자식들 싸움 꺼리만 만들어 놓네
진작에 멈출 줄을 알았더라면
진작에 덕을 쌓았더라면

영원히 눈감으면 아무 소용없는데
반항 한번 못해보고 꼼짝없이
재만 조금 건지는데
그래서 저 세상에는 누울 자리도 필요 없는데

이 사실을 모르는 걸까!
알면서도 모르는 척 하는 건가!
길 위에서는 빨간 불이 켜지면 멈춰 서지만
이 마음속에는 무슨 불이 켜지면 멈춰질까!

## 우리가 사는 이유

우리가 사는 이유는?
    그냥 태어났으니까
    사랑을 하려고
    자식을 키우기 위해서
    먹기 위해서

우리가 오래 살고 싶어 하는 이유는?
    저승보다 이승이 좋으니까

이곳에는 걱정꺼리도 많고 신경 쓸 것도 많은데
또한 많은 고통도 따르는데…

여러 가지 이유 중에 꼬옥 집어 이거라고
말할 수는 없지만 건강하게 오래 오래
살다가고 싶은 마음은 누구나 있을 것이다

비록 세상에 이름을 떨칠 만큼 유명하지는 못하더라도
내 이웃, 내가 만난 사람들한테
괜찮은 사람으로 기억된다면 산 보람이
조금은 있지 않을까 싶다

남이 나한테 해 주기를 바라는 대로
내가 먼저 남한테 해 주기만 해도
참 괜찮은 사람인데…

# 우리는

우리는 함께 했다. 목요일 마다
우리는 같이 웃었다. 일주일에 2시간씩

"엄마" 소리로 첫 말문을 여는 아기처럼
우리는 그렇게 입을 열었다
걸음마를 처음 배우는 아기 같이
우리는 그렇게 발을 내딛었다.

부끄러움도, 두근거림도, 이제는 ~
네 마음 내 마음 되고
내 마음 네 마음 되어…

걸음마를 못해도 나무라지 않고
입을 떼지 못해도 혼내지 않는다

잠들어 가는 두뇌를 깨우려 애쓰면서
한 계단 한 계단 오르고 있으니
오히려 칭찬 받을 일이지

열정이 있는 곳 웃음이 있는 곳
때론 자신의 삶을 돌아보는 시간도 가져보고
때론 귀를 즐겁게 해 주는 노래도 들으면서
우리는 함께 했다

이제 더 많은 말을 옹알이하는 아기처럼
엄마손 잡지 않고도 걸을 수 있는 아이처럼
우리도 이제는 그렇게 될 수 있노라고

천리 길도 한걸음부터
백 마디 말도 한 단어부터
가랑비에 옷 젖으며
우리는 천천히 천천히 여기까지 왔다

우리의 만남은 열정 때문이었다고
우리의 열정이 헛되지 않았다고
당당히 말할 수 있는 그날이 올 때까지
우리는…

## 아름다운 사람

"아름다운 사람은 머문 자리도 아름답습니다."
어디서 자주 보는 글귀다.

아름다운 사람이란?
날씬한 키, 예쁜 얼굴, 곱게 화장하고
좋은 옷을 입은 사람?

그러면 작은 키에, 주름진 얼굴, 거친 손,
화장기 하나 없고, 항상 같은 옷만 입으신
마더 데레사는?

또한 내일 종말이 오더라도 오늘 한 그루의
사과나무를 심겠다면서 미련하리만치 자신이 할일은
끝까지 하겠다는 스피노자는?

# 용 기

위험에 처해 있는 사람을 구하려고
자신의 몸을 던지는 용기

불의를 보고 정의롭게 할 말하는 용기

누구나 싫어하는 힘든 일을 앞장서서 하는 용기

모두가 값지고 소중한 용기다

그리고 재물이나, 권력이나, 세상의 욕심을
스스로 멈출 줄 아는 사람은
참으로 대단한 내면의 용기를 가진 사람이다

# 성 찰

잘 산다는 것은 어떻게 사는 걸까!
혼자 외롭게 지내지 말고 남과 잘 어울리자

어차피
인생은 불완전하고 미완성이다
어떤 근심도 너무 길게 고민하지 말고
적당한 곳에서 털어 버리자

"언젠가 죽는다는 것"보다 "지금 살고 있다는 것"이
더 중요하지만 가끔은 죽음을 생각하면서
성찰의 시간도 가져보자

영원히 살 것처럼만 생각 한다면
욕심을 내려놓지 못한다

태어날 때 두 손을 움켜 쥔 것은
험난한 세상 살아갈 것이 두려워서
마음을 다잡느라 그랬겠지만

나이 들어 움켜쥐고 싶은 것은
영원히 살 것처럼만 생각하기 때문이 아닐까!

## 새학기 시작하며

낯익은 얼굴, 새로운 얼굴, 모두 반갑습니다
이름은 무엇이고, 가족이 몇이며 어디에 사는지
소개는 받았지만 당장에 다 기억할 순 없지요
이것들은 시간에 맡기고
새롭게 기분 나게 시작해 봐요

많은 스트레스는 독이 되지만
약간의 긴장감은 덕이 된대요

조금의 떨림으로 또 다시 출발점에 서 있는 우리
함께 웃어요. 함께 즐겨요
영어 단어, 영어 문장 배워 가면서
인생 공부도 같이 배워졌으면

남에게 보여지는 아름다운 외모도 중요하지만
행실로 드러나는 아름다운 마음은 더 귀한 보배지요

말한 마디에 천 냥 빚도 갚을 만큼
예쁜 언어 나무도 심으면서
자신도 모르게 찡그려지는 얼굴에
화들짝 미소를 만들어 봅시다

## 오뚝이처럼

세상일이 힘들고
괴로운 일 있어도
우리 꿈을 잃지 말아요

그 순간을 견디면
어떤 일도 지나니
희망 갖고 살아갑시다

오뚝오뚝 일어나요, 오뚝이처럼

# 잘 사는 것

이 세상을 누가 누가 잘 사는 가요

돈이 많고 권력 있는 사람들이 아니고

생활을 예쁘게 하는 분이지

자비롭고 배려하는 사람들이 아닐까

# 이 탈

어제도 오늘도 늘 같은 일상생활
다람쥐 쳇바퀴 돌듯 매일이 그곳

이 단조로움에서 벗어나
풀이랑 꽃이랑 놀다오자
새들과 나무들과는 눈도장도 찍어보고
누구한테나 내어주는 자연에게선
내일의 에너지도 충만히 얻어오자

세상의 아름다움도, 살아있는 보람도
새롭게 피부로 느낌 올 테니…

# 기 적

구사일생으로 살아남고
불치의 병이 나아지고
어마어마한 로또가 당첨되고
우리는 이런 이야기 같은 소식을 제법 듣는다

사람들은 이런 것만 기적이라 생각 하지만
사실 우리는 매일, 매 시간이 기적이다

수많은 위험요소가 늘 주변에 있고
사고도 많고 질병도 많은 세상 속에서
이만큼 이렇게 살아가고 있으니
이게 바로 기적이 아닌가 싶다

1초를 다투는 응급한 일들이
분통이 터치는 억울한 일들이
언제 어떻게 일어날지 모르는 이곳에서

안 좋은 일은 피해 갈수 있는 재주가 있든지
재주가 없으면 운이라도 따라 주든지

그저 하루하루가 무사 하는
소박한 기적을 희망한다

## 찜 통

에너지도 절약하고
더위도 날려주는 조그만 손풍기(부채)
제 몫을 다하는데

그런 고마움은 아랑곳 않고
짜증내고 화풀이 하고
오존층이 어떻고 온난화가 어떻고

누가 지구를 화나게 만들었는데
누가 찜통을 가져오게 했는데
편한 것, 편리한 것 좋아하는 우리 탓인데

먼저 환경을 생각했더라면
진작에 지구를 위했더라면…

## 초가을


기승을 부리던 가마 솥 더위도
어째 맥을 못 추고
하늘이 더 높아졌음 인지
쨍쨍 햇살도 뜨겁지 않네

집집의 마당에는 빨간 고추가 예쁜 그림 그리고
경찰서 앞마당에도 빨간 그림이 그려지고
땀 흘린 대가를 훔쳐가는 얌체족 때문에
이웃을 생각한, 따뜻한 배려심

알곡들은 잘 익었노라며 톡톡 인사하고
주인들은 고맙다며 정성껏 거두고
바람은 장난스레 얼굴을 간지럽히며
자연과 인간의 즐거운 대화

온 마을이 풍요롭고 온 나라가 아름다운
풍성한 먹거리에 늘어난 몸매만큼
텅 빈 머릿속에도 허전한 마음속에도
알차게 통통하게 채워졌으면…

## 중국 장가계의 천문산

누가, 최고의 자연미인 이라고 말할 수 있는가?
거대한 자연의 아름다움 앞에서

누가, 긴 시간을 참아왔다고 말할 수 있을까?
4억년을 견뎌온 장가계 삼림공원 앞에서

누가, 길고 긴 케이블카를 타보았노라고 말할 수 있는가?
천문산 케이블카를 타보지 않고서 (7,455m)

누가, 아찔한 절벽을 걸어 봤다고 말할 수 있을까?
천문산 정상의 귀곡잔도를 걸어보지 않고서

누가, 자연을 무대삼아 화려함을 보일 수 있다고 장담
할 수 있는가?
천문산 야외무대에서 펼쳐지는 뮤지컬쇼를 보지 않고서

누가, 제일 긴 에스컬레이터를 탔다고 말할 수 있을까?
천문산 에스컬레이터를 타보지 않고서
(60m씩 12개 총720m)

누가, 길고 높은 유리다리 위를 걸어 봤다고 말할 수 있는가? 장가계의 대협곡 유리다리 위를 걸어보지 않고서 (460m)

우리나라의 설악산은 '아름다운 산'이고 장가계의 천문산은 '웅장한 산'이라고 감히 말해본다. 이처럼 같은 산인데도 서로 다른 멋을 가지고 있듯이 우리도 똑같은 사람이지만 서로 다른 매력을 가지고 살아간다

하지만 사람은 '사회적 동물'인지라 다른 사람과 적절히 어울릴 줄 알면서 좋은 것은 전염시키고 나쁜 것은 버릴 줄 아는 우리가 되었으면 좋겠다

## 아직도 진행 중

여전히 세상 것을 좋아했고 필요할 때만 당신을 찾았으며
여전히 웃음 없고 냉담했고 먼저 친절하지 못했으며
여전히 나에겐 관대했고 남에겐 인색했으며
여전히 사랑이 부족했고 자비롭지 못했으며
여전히 내 눈에 들보는 보지 못했고
남의 눈에 티끌만 보았음을

이 못난 짓 아직도 진행 중입니다
그리고 욕심을 아직도 버리지 못했습니다


※ 자비 : 남을 깊이 사랑하고 가엾게 여김
※ 냉담 : (태도가) 차갑고 무관심 함
※ 아둔하다 : 지혜롭지 못하고 어리석다.
　　예문) 워낙 아둔해서 말귀를 못 알아듣는다

# 내 마음

내 마음 나도 몰라요. 어떻게 될지
하지만 이 마음은 변치 않으려 노력 할래요
더 이상 욕심 없이 살아가겠다는 것

내 마음 나도 몰라요. 어떻게 할지
그렇지만 이 마음은 변하지 않을래요
솔직하고 검소하게 살아가는 것

내 마음 나도 몰라요 어떻게 변할지
그래도 이것만은 노력 한다오
'역지사지' 생각하고 나누어야 하는 마음

내 몸이 어떻게 될지 나도 모르지만
언젠가 끝난다는 건 나도 알아요

그 날을 모르는 게 안타깝지만
그것은 하느님만이 알 수 있는 것인 걸!

# 세 월

자글자글
나이테 마냥 늘어나고
버섯도 하나 둘 내밀고

하얀색을 칠하지 않으면
도무지 어색한 생기 없는 모습

어쩌다가!
시간이 빗겨 갈 줄 알았나

나도 모르게
엄마의 모습 그대로
흉보면서 닮아 간다는 말
새삼 가슴으로 느낌오고

옛날이 그리워지는데
도무지 되돌릴 자신 없으니
스스로를 다독인다

뜨는 해도 눈부시게 아름답지만
지는 노을도 황홀하게 아름답다고
아름다운 그 노을에 희망을 걸어본다

# 진풍경

놓칠세라
한 곳을 지켜보며

각자하는 놀이는 다르지만
한결같이 손바닥만 한 그곳

즐거운 놀이친구 있음에
옆 사람, 앞사람 도무지 관심 없고

그다지 아름다운 풍경은 아니지만
어쩌랴, 이 시대의 산물 인 걸

어차피 함께 할 사이라면
유익한 친구, 희망의 친구 되길


(스마트폰 삼매경에 빠진 사람들을 보고)

# 자 식

보기만 해도 웃음이
주기만 해도 기쁨이

조롱조롱 열매
크든 작든 똑같은 맛

떨어질세라 잘못 될세라 밤낮없이
그렇게 한 세월

어느새 빨간 불이 하나 둘 들어오고
바라진 않지만 때로는

서운해 하지 말자
그들 역시 새 열매 보살피고 있으니

잘 익은 맛 잘 여문 열매
이웃에 나누면서 살아 준다면
이보다 더한 보람 또 없으리

# 못난이

컴퓨터로 척척 하는데
손으로 한 자 한 자

카톡으로 주고받는데
전화기만 고집스레

고가 명품 눈독 들이는데
비지떡이 눈에 들고

에스컬레이터 옆에 있는데
꾸역꾸역 계단으로

빠르게 변하는 세상
숨이 차서 못 따라가고

생각은 앞서 가는데
새로운 물건에는 도대체 관심 없는

답답한 사람, 시대에 뒤쳐진 사람
못난이 박 태 선

# 소 리

보글보글 찌개 맛내는 소리
부글부글 마음 애끓는 소리

예쁜 뚝배기 못난 가슴 냄비
서로 서로 섞어보자 보글부글

살며시 이어주는 이음줄처럼
살포시 끌어주는 붙임줄처럼

모음하나 바꿨는데 자연이 내는 소리
그럼, 마음한번 바꿔 본다면.

## 나의 삶

나는 나는 이 세상을 살아오면서

어떻게 사는 것이 좋은 삶인지를

하루에도 열두 번씩 생각해보지만

아직까지 그 자리서 맴돌고 있답니다

# 제5부

# 태권도

앗! 기합 소리에
나무판이 부러지고
종이가 찢어지고

와아~ 박수소리에
우리 지호는 의기양양

많이 컸네.
그래, 그렇게 자라거라
아빠 보다 더 높게

가슴 활짝 펴고
세상을 품어라

눈을 크게 뜨고
세상을 바라보라

앗! 기합소리 힘찬 만큼
몸도 튼튼 마음도 튼튼

## 말과 행동

앞에서 맞장구 치고
뒤에 가서 뒤통수 치고

정의를 말하던 사람
불의를 봐도 못 본 척 하고

남에게는 공정을 부르짖는 사람
자신은 불공정이 도를 넘고

그렇게 믿어 달라 애원하고는
결국엔 사기 치는 언행불일치

말과 행동이 이렇게 달라도 되나싶다
삶에 정답은 없다지만
언행이 일치하면 좋지 않을까

거기다가
배려와 나눔이 같이 한다면
그나마 좋은 답은 되지 않겠나

# 어린이 집

재잘 재잘, 귀여운 새들이 모여 있는 곳
몽실 몽실. 예쁜 꽃들이 피어나는 곳

엄마 품에서 막 나온 병아리 마냥
아침 햇살 머금은 이슬 마냥
해맑은 얼굴, 고운 무지개

아장 아장 걸음마 하던 엄마손 놓고
혼자서도 걸어요, 뛸 줄도 알아요

파릇파릇 새싹들 무럭무럭 자라라
종알종알 둥지새 건강하게 자라라
우리의 희망, 우리의 보배들


(어린이집 다니는 손자 지호가 쓰라고 해서)

## 놀이 공원

아이들 보챔에 나온 부모들
부모 설득에 나온 아이들
서서히 이웃사촌 되어 어우러지는 곳

줄서기 하는 법도 배우고
다른 사람과 어울리는 법도 배우고
자연을 즐기는 법도 배우면서
세상을 살아가는 배움터가 되는 곳

아이들 부르는 소리
엄마를 찾는 소리
시끌벅적 정신없지만
훗날, 추억거리 될 것임을 확신한 듯

마냥 즐거워하는 아이 보면서
덩달아 즐거워하는 부모들

몸은 점점 무거워 오는데
아이들은 눈치 없이 도전정신 끝이 없고

애들아, 다음에는 너희가 자식들 데리고 오렴
우리는 그냥 부담 없이 따라만 오련다.
인생은 회전목마 같은 거니까

## 달 력

새로운 다짐 새로운 각오
꼼꼼히 그려진 혼자만의 약속
지킬 새도 없이 잘도 넘어가고

동료가 하나 둘 사라져도
새로 태어 날 희망 있음에
슬픔보다 설레임이 꿈틀 거리고

덧없이 보내 버린 시간을
뒤돌아보고 아쉬워해도
내가 그린 그림만 허공에서

꽉 찬수 10에 2를 더 보태 주었건만
무슨 배짱으로 고마움도 모르고

작은 티끌도 쌓이면 태산이 되듯이
작은 계획도 실행하지 않는다면
긴 삶이 그렇게 쌓여 가고

단지 숫자만 쓰여 있을 뿐
오로지 날들만 흘러 보낼 뿐

아무런 느낌 없이
오늘도 너와 함께 하루를 넘어 간다

## 내 마음의 등불

- 기쁨을 웃음으로 불만을 울음으로만 알려주는
  첫돌을 기다리는 아기

- 욕심이 무언지 이익이 무언지
  알지 못하는 순진한 어린이

- 세속에 물들지 않고 소신 있고
  거짓이 없는 순수한 사람

- 말과 행동이 일치하고 옳고 바르게 사는 사람

- 세월의 깊이만큼 주름은 늘었지만 구김살 없는 어르신

- 남의 생명을 구하기 위해
  위험을 무릅쓰고 자신의 몸을 던지는 사람

- 겉보기 보다 내면이 알차고
  돈 보다 명예를 소중히 여기는 사람

- 모질게 재산을 모으느니
  가난해도 마음이 넉넉한 사람

○ 남이 나한테 해주기를 바라는 대로
　내가 먼저 남한테 해주는 사람

○ 자신에게는 엄격하면서 남한테는 관대한 사람

○ 마지막 날에 예쁘게 살았다고
　기쁘게 말할 수 있는 사람

# 한가위

가방마다 한가득 보름달
부모님을 위한 선물꾸러미

고향 가는 발길
마음은 벌써 고향집 마당

까맣게 그을린 얼굴 거칠어진 손
부모님의 모습에 가슴 아려오고

풍성한 가을, 넉넉한 인심에
배속에도 보름달이 둥실

"길 막히면 안 된다" 서두르는 자식위해
보따리 마다 마다 보름달 가득

오는 사람 맞이하고
가는 사람 배웅하는 고향 지킴이들
언제나 둥근달이 비춰 지기를

아옹다옹 살아가는 우리네 마음에도
언제나 한가위 달이 떠 있기를

## 정동진 부채 바닷길

끝없는 바다, 부서지는 파도
2,86 키로 바닷가 둘레길

나무다리도 있고
철다리도 있고
계단도 있고

바다바람 맞으며 한참을 걷다보면
집채만 한 부채 바위가
님을 기다리는 망부석 되어
풍파와 싸우면서 굳건히 앉아있고

부채꼴 바위 덕분에
2016년 얼굴 보인 부채 바닷길

그동안 어떻게 참아왔을까!
자신의 멋진 모습 보여 주고 싶어서

어렵게 산통 겪고 태어난 부채길
고된 마음 달래주는 희망 길 되고
미운마음 씻어주는 고운 길 되어서
모두에게 사랑받는 큰길 되기를

## 토끼와 거북


토끼와 거북의 달리기 시합
느림보의 대명사인 거북이가 이겼지
앞일은 도무지 알 수 없는 거라고
토끼가 알려 줬네

노력이 소질을 이기는 걸
거북이가 보여 줬네

남보다 뛰어난 귀한 재주를
자만심에 비웃음 당하고

상대방을 얏 보면
큰 코 다치는데
자신감이 넘치면 모자람 보다 못하는데
한 번의 실수로 좋은 교훈 남겼다

작은 일에도 정성을
쉬운 일에도 최선을

## 고 백

앞만 보고 걸었습니다
옆도 뒤도 돌아볼 여유도 없이

바쁘게만 살았습니다
주위의 아름다움, 이웃의 아픔도 보지 못한 채

한 끼만 걸러도 참지 못했습니다
다른 사람은 몇 끼를 굶었는지 관심도 없으면서

남이 알아주기를 바랐습니다
하느님만 알고 계시면 된다고 하면서

감사함을 모르고 살았습니다
당연한 것으로 생각 했기에

삶이 즐겁지만은 않았습니다
내일의 걱정을 미리 하느라고

스스로 행복을 느끼지 못했습니다
행복은 누가 만들어 준다고 생각했기에

욕심은 지금도 끝나지 않았습니다
살 곳도, 입을 것도, 먹을 것도 있는데

# 수 박


아무리 두드려 봐도
네 속을 알 수 없고

그저 행운을 바라면서
너를 붙잡고 온다

그래도 네 속은
금방 알 수 있지만

우리네 마음속은
도무지 알 수 없다

## 그날이 그날

다람쥐 쳇바퀴 돌고 돌듯이

어제도 오늘도 그날이 그날

덧없는 세월에 꼼짝 못하고

어느새 이 나이가 되어 있네요.

남은 인생 어떻게 해야 하는지!

이 또한 영혼 없는 생각만 할 뿐

매일이 그날이 그날입니다

# 곶 감

하나 둘 빼다보니
빈자리 눈에 들어오고

덜컹, 가슴이 콩닥콩닥

오늘은 무사히 넘어간다 해도
언젠가는 들통 날게 뻔한 일인데
무사한 그 순간만을 좋아했던 철부지

도저히 채울 수 없는 그 빈자리
꿈에서도 나를 괴롭히고

야단맞을 걱정에
괜히, 죄 없는 너를 원망했었지

# 홍시

오랜 시간 속에 온 몸 달구어서
겉과 속이 이글이글 태양빛

인내는 쓰나 열매는 달듯이
참고 견딘 시간의 단맛을
첨가물 없는 순수한 자연 맛을

어른, 아이 할 것 없이
모두가 좋아하고

나 역시 네가 좋다
겉과 속이 다르지 않아서
겉만 보면 너의 속도 알 수 있어서

## 시 간


어제도 오늘도
똑 같이 맞이하고 똑 같이 배웅하는
흔한 듯 귀한 것을

열심히 노력하면서 배웅하는 이와
빈둥빈둥 배웅만 하는 이와는

먼 훗날
하늘과 땅 차이만큼 거리를 둔 채
각자에게 주어지는 미래의 삶이지

## 손자 손녀들 생일 날

무슨 꽃이 이렇게 예쁘랴

어느 누가 이렇게 사랑스러우랴

눈에 넣어도 안 아프다는 말
진정 가슴으로 느껴지고

숙제해라 밥 먹으라
과자 많이 먹지마라 착하게 행동해라

이런 말이 지금은 잔소리로 들리지만
훗날 너희도 알게 될 거야 참소리라는 걸

몸도, 마음도 건강하게 자라라
사랑한다.


\* 하느님 말씀 : 내가 너희를 사랑하는 만큼
　　　　　　　너희도 서로 사랑하라

## 기이한 곳 국회

똑같은 일도 내가 하면 로맨스고
남이 하면 불륜으로 몰아 치는 곳

자기 눈에 들보는 보지 못하고 남의 눈에 티끌만 보이는 곳
선거 때만 국민을 위하는 척 하고는 그곳에 들어가면
돌변하는 곳

사법부도 흔들면서 무소불위 갑질을 마구하는 곳

오죽하면 선량한 시민 "특권 폐지하라" 며 분신했을까?

오직 자신의 이득만을 생각하면서 양보도 소신도 없는 그들
희망은커녕 실망 만 안겨 주는데

삼분의 일만 줄이면 우리나라가 부자가 될 것 같다.

나이제한, 회수제한 있으면 신선한 바람이 불 것 같다
우리나라는 분명 삼권분립의 나라인데 (입법,사법,행정)
왜 그들이 모든 곳을 좌지우지 하는 걸까!

법은 만인 앞에 평등해야 하는데
법관은 흔들리면 안 되는데
정치판사, 정치검사 없으면 좋겠다

오로지 본연의 일에만 충실할 수 있도록
여건이 만들어 지기를 희망한다

이런 게 나 혼자 만의 생각인가?


* 無所不爲 : 못할 일이 전혀 없음
* 本然(본연) : 사물이나 현상이 처음부터 가지고 있는 것
* 左之右之 : 제 마음대로 휘두르거나 다룸

## 징검다리

비가 오든 바람이 불든
밤낮 없이

누군가를 기다리며
항상 그 자리에서 묵묵히
남을 생각하는 배려심

울퉁불퉁 다듬지 않은
자연의 선물이었는데

외롭지 않게
이웃사촌 만들어 주었는데

바뀌는 세상에 버틸 수 없어
지금은 사라지고 없지만

팔딱팔딱
동심을 키워준 그곳이 그립다

오랜 날을 함께 한
그 친구들 생각난다
아득히 고향마을이 그려진다

# 봄

얼었던 땅도
앙상한 나무도
다시 숨을 쉰다

새싹이 수줍은 듯 인사하고
꽃봉오리가 참을 수 없다며
그냥 흐드러 진다

진달래, 개나리, 달래, 냉이
자연이 울긋불긋 푸르다
만물이 약동한다

그런데 우리는
사라진 생기는 다시 올 줄 모르고
생동의 계절에도 여전히 시들하다

아는 것도 많고 욕심도 많은데
이런 건 아무 소용없나 봐

모든 걸 내려놓고
자연으로 돌아가자
그들처럼 생기가 다시 솟아날는지

# 연 탄

송송 구멍 난 새까만 구공탄
찬바람 불면 집집마다 빼곡히 쌓이고
번개탄이 덩달아 불티나던 시절 있었지

영하의 추위에도 훈훈한 방안들
나무 때던 그 시절을 회상하면서
편한 현실에 고마워했었지

'꺼지면 안 된다.' 시간 맞춰 갈아주고
길에다 깨버린 재는 먼지 되어 날아다니고
쓰레기차 종소리에 잿더미 들고 줄섰던 그때의 일들이
자꾸만 편하고 싶은 내 마음을 깨워준다

검정이 옷에 묻을라, 손에 닿을라
일산화탄소 무섭기도 하지만
그래도 함께 해야 했었던 그때의 시절이
지금은 아득히 잊혀져 간다

2019년 11월

# 성모님의 달 오월에
– 성모님께 드리는 글

하늘은 맑고 깨끗합니다.
세상은 온통 초록빛으로 물들었습니다.
이 좋은 계절
참으로 아름다운 이름, 성모님을 불러 봅니다.

성모님
당신의 겸손 본받자고 오늘도 고개 숙였습니다.
당신의 순명 본받자고 오늘도 다짐하고 다짐했습니다.
하지만 그 순간뿐이었습니다.

위대하신 예수님을 낳으시고도
낮은 곳으로, 낮은 자세로 살아오신 성모님
아무리 낮추셔도 저희는 알고 있습니다.
고귀하고 준엄하고 은은한 향기 얼마나 넘치시는지…

하나뿐인 아드님이 십자가에서 돌아가실 때도
목 놓아 울음 울지 않으시고
조용히 바라만 보고 계셨던 어머님
마음이 찢어 질듯 괴로웠을 텐데
왜 그렇게 참으셨나요?
무엇이 그 큰 슬픔을 견디게 만드셨나요?

이미 하느님의 거룩하신 뜻을 알고 계셨습니까?
하느님의 뜻대로 이루어지게 하시려고 그러셨습니까?

언제나 인자하신 모습으로 저희를 바라보시면서
항상 저희와 함께 하시는 성모님
저의 행실이 마음에 들지 않으실 텐데도
한결같이 보살펴 주시니 감사드립니다.
어머니께서 주신은혜,
제가 무엇으로 갚을 수 있겠습니까만 그래도 저는
그 은혜 잊지 않고 조금이라도 갚아 드려야 합니다.
마음을 다잡고 또 다잡습니다.

만약 제 행실대로 벌을 주셨다면
제가 이렇게 살아 올 수 없었습니다.

아무리 떼를 써도 혼내지 않으시는 어머님
염치없고 자격 없지만 또 부탁드립니다.
저를 끝까지 보살펴 주셔서
좋은 일은 몸소 실천 할 수 있도록 도와주십시오.
이웃에게 조금이라도 본보기가 되었으면 좋겠습니다.

어머님
저의 못난 점과, 혹시라도 괜찮은 점이 있다면
이 모두를 어머니께 봉헌 합니다.
성모님, 사랑합니다. 그리고 고맙습니다.


화창한 오월에
박태선 세실리아가 드립니다.

# 마 감

하루의 마감, 일년의 마감, 여러 마감이 있지만 나는 한 생의 마감을 하련다.
내 삶을 돌아보니 잘함보다 못함이 더 많지만 공직자의 아내로서 알뜰히, 착실히 살아왔음을 자부하고 싶다.
남의 것 부러워하지도 않았고 탐내지도 않았다.
그러면서 나 스스로는 참으로 검소한 생활을 했다. 그런 삶에 후회는 않는다.
그동안 수많은 시간 속에서 살아온 흔적들 이제는 서서히 정리 할 때가 온 것 같다. 앞으로 몸도 건강하고 정신도 건강하게 얼마를 더 살 수 있을까를 생각하면 도무지 자신도 없고 더군다나 알 수 없는 일이다.
삶에서 그토록 소중하게 여기던 것도 눈만 감으면 아무 소용없다. 자식들한테 나눠준다면 경제적으로는 도움이 될지 몰라도 잃는 것이 더 많을 것이기에 그렇게 하고 싶지가 않다.
재주 좋아 몫 좋은 곳에 부동산을 사놓았더라면 더 많은 재물이 되었겠지만 그런 재주가 없었으니 어찌 하랴.
욕심 부리지 않고 사느라 큰 재물은 만들지 못해서도 오로지 은행만 들락거리면서 한푼 두푼 저금했던 것이다.
무엇보다 내 딸 내 아들이 부모 도움 없이 직장을 구해서 자기들 생활 벌이는 하고 있으니 고마울 따름이다.

우리나라 사람이라면 누구나 생각하는 '부모 것은 내 것이다.' 라는 마음도 갖고 있지 않다고 생각 하는데, 이것은 나 혼자 만의 착각인지 모르겠다.

'영원히 살 수 없다' 는 완전한 진리를 새삼 몸으로 느끼면서 후회 없는 마감을 하고 싶다.

내가 가지고 있는 전 재산을 얼마 안 되지만 성전 건립에 내놓고 가려한다.

수십 년간 다져온 마음인데도 무엇이 옳은 일이고 어떻게 해야 잘 한 일인지 상쾌한 답을 내지 못했는데 마음이 편안해 지는 걸 보니 좋은 선택인 것 같다.

남편, 아들, 딸도 나와 같은 생각이기를 희망한다.

2020년 7월 7일

# 양양 글라라 수도원의 수녀님께서 주신 글

박태선 세실리아님
양양 글라라 수도원입니다.
더위에 어떻게 지내시는지요?

땅을 일구고 돌을 골라내며
감자 눈을 흙에 보물처럼 숨겼는데
싹이 나고 하얀 꽃이 피더니 이렇게 열매를 맺었어요.

마음과 수고를 다해 가꾼다고 했지만
너무 볼품이 없어요.
그래도 저희만 먹기에는
저희에게 주신 사랑이 너무 마음에 걸렸어요.

농약주지 않고 하느님 손에 맡겨서 키운 것이라
겉모양은 부족하나 그래도 맛있게 드셨으면 하는 마음에
저희의 사랑을 담아 설레이는 마음으로 보냅니다.

하느님께서 요 며칠 시원한 비를 내려 주시더니
오늘은 비가 갠 뒤의 솔향기를 실어 나르십니다.
좋으신 하느님을 찬미하며
옥수수, 감자랑 함께 솔향기와 수도원 마당에
풀벌레 소리도 함께 넣었어요.

더위에 몸과 마음 모두 건강 하세요.
저희에게 보여주시는 소중한 사랑 늘 감사드립니다.


2008년 7월 31일 양양 글라라 수도원 자매들 올림